रिश्ते उधार के

ग़ज़ल संग्रह

प्रदीप अवस्थी

अंजुमन प्रकाशन

Title : Rishte Udhar Ke
Author : Pradeep Avasthi

Published By
Anjuman Prakashan
942, Mutthiganj, Prayagraj, 211003
www.anjumanpublication.com
anjumanprakashan@gmail.com

Printed and bound in India
Paperback, First published by Anjuman Prakashan in 2022
ISBN : 978-93-91531-62-1
Copyright © 2022 Pradeep Avasthi
Printing rights reserved : Anjuman Prakashan 2022
Cover & Typeset by Anjuman Prakashan

Price in India: 200.00

समर्पण

मेरे जीवन में शामिल उन सभी के लिए समर्पित जिनका दुलार, स्नेह, प्यार, सानिध्य मुझे कभी भी किसी भी रूप में प्राप्त हुआ है

हाथ कंगन को आरसी क्या ?

शिवपुरी मध्य-प्रदेश की साहित्यिक उर्वरा-भूमि से जो नयी-पीढ़ी उभर कर सामने आई है और प्रतिष्ठित होने के लिए संघर्षशील है-उसमें कुछ बहुत ही प्रखर तथा ऊर्जावान रचनाकार उभर कर सामने आए हैं। इन्हीं में एक नाम है-प्रदीप अवस्थी 'सादिक़'। प्रदीप की प्रतिभा से प्रदीपित 72 ग़ज़लों का संकलन "रिश्ते उधार के" नाम से मेरे हाथों में है। उसकी भूमिका लिखने के लिए। मेरी दृष्टि में किसी भी कृति के साहित्यिक मूल्याँकन अर्थात रचनाओं की समीक्षा के पूर्व कृतिकार अथवा रचनाकार के व्यक्तित्व के बारे में समझना और जानना ज़रूरी होता है। क्योंकि रचनाकार की सोच में, चिंतन में, विचारों में, उसकी रचनाओं में उसका व्यक्तित्व प्रतिबिम्बित होता है। इसलिए सबसे पहले मैं प्रदीप अवस्थी के व्यक्तित्व के बारे में ही चर्चा करूँगा। प्रथम दृष्टि में ही प्रदीप धीर, गम्भीर, मितभाषी, मृदुलभाषी, विनम्र और निर्भमानी दृष्टिगत हो जाते हैं। प्रदीप जब भी मुख खोलते हैं, सदा कुछ अच्छा ही बोलते हैं। उनके बोलने में ही उनकी शिक्षा, उनके संस्कार, उनकी साँस्कृतिक पृष्ठभूमि, उनकी सभ्यता, उनकी विनम्रता, उनकी गम्भीरता ही नहीं उनकी स्पष्टवादिता भी मुखर होती है। प्रदीप जब बोलते हैं-सत्य बोलते हैं, यथार्थ बोलते हैं, समझ कर बोलते हैं और समझाकर बोलते हैं। उनके बोलने में ही उनका अध्यापक भी बोलता है। वे अध्यापक की तरह इसलिए बोलते हैं, क्योंकि अध्यापक हैं पर जब सुनते हैं तो किसी आज्ञाकारी शिष्य की तरह। वे ख़ूब अध्ययन करते हैं इसलिए एक अच्छे अध्येता हैं। ख़ूब चिंतन और मनन करते हैं तब कहीं जाकर कुछ बोलते हैं। इसलिए कुशल वक्ता हैं। जो व्यक्ति बोलने को लेकर इतना गम्भीर हो वह जब लिखेगा तो बहुत सोच समझकर ही। प्रदीप के रचना संसार की अगर मुझे एक वाक्य में समीक्षा करनी हो तो मैं कहूँगा-प्रदीप की ग़ज़लें आत्मानुभूति के यथार्थ की कठोर चट्टानों और कल्पनाओं की भुरभुरी भूमि की दरारों से फूटी मीठी, स्वच्छ, सरल और निर्मल जलधारा की तरह हैं। जिसका रसपान सचमुच सुखद है। यह जलधारा किसी भी पाठक की मात्र प्यास ही नहीं बुझाती अपितु उसकी आत्मा तक को तृप्त कर देती है। आप इस जलधारा को अंजुली में भर कर अपने अधरों तक तो लेकर आइए-आप अगस्त है, कुम्भज की मानसिकता में है

मगर सागर पीने की अभिलाषा को आप रोक नहीं पायेंगे। आप इसके रसपान के आकर्षण के बंधन से अपने आपको मुक्त नहीं कर पायेंगे और पूरा का पूरा सागर पी जायेंगे अर्थात इस संकलन को पढ़े बिना रह नहीं सकेंगे।

प्रदीप की रचनाओं में उनका परिश्रम दिखाई देता है। परिश्रम उनके स्वभाव का ही एक पक्ष है। वे अपने छात्रों के साथ भी भरपूर परिश्रम करते हैं इसलिए उनके छात्र अपनी प्रतिभा का लोहा प्रदेश स्तर पर मनवा लेते हैं। उनकी कर्मभूमि उनका विद्यालय उनके व्यक्तित्व की तरह ही सुंदर, हरीभरी, पुष्पित और मनभावन, उनके परिश्रम के कारण ही है। उन्होंने अपने विद्यालय को भी अपने व्यक्तित्व, अपनी कविता की तरह मनोहारी बना रखा है। विद्यालय में चरण रखते ही आपको उनकी व्यवस्थित व्यवस्था, स्वच्छता और सुंदरता के दर्शन हो जायेंगे। सामान्यतः ग्रामीण, शासकीय विद्यालय इस तरह के नहीं होते। उनका विद्यालय उनके अपने दायित्वों के प्रति गम्भीरता, उनकी सामाजिक प्रतिबद्धता, सामाजिक सरोकार, अपने स्वच्छ, सुखद, सुंदर पर्यावरण के प्रति सजगता व जागरुकता का प्रतीक है। प्रदीप अवस्थी के रचना संसार में भी आपको ये सारे विशेषताएँ मिल जायेंगी। छोटी कक्षाओं से ही हम किसी कवि की जीवनी रटते हुए उसकी रचनाओं के कला-पक्ष और भाव-पक्ष को पढ़ते आ रहे हैं। प्रदीप अपनी भावनाओं को परोसने के लिए जिस पात्र ग़ज़ल का उपयोग करते हैं। वह पात्र सोलह आने सोने के बने पात्र-सा खरा, चमकीला, और सुंदर है तथा उस पात्र में परोसा गया व्यंजन अर्थात भाव तथा विचार का स्वाद भी निराला। वे अपने जीवन के अनुभवों, कल्पनाओं और चिंतन का कविता में कुछ ऐसा व्यंजन तैयार करते हैं जिसमें आपको जीवन के लगभग सारे स्वाद मिल जाते हैं। ये स्वाद जो खट्टे है, मीठे है, नमकीन हैं; चिरपिरे है, कड़वे है, कसैले है पर बासी और विषैले कदापि नहीं हैं। उनकी रचनाओं में भोर की शीतल हवा की ताजगी है तो प्रेम, भाई-चारा, सहृदयता, सद्भावना, सामाजिक-समरसता, सामंजस्य, सदाचार की अमृत भावना भी है। प्रेम की अतृप्त प्यास भी है और प्रिय के वियोग की पीड़ा भी। वे आपसी घृणा, नग्रता, अश्लीलता, उन्माद का विष नहीं फैलाते हैं। उनकी कविता में अगर कहीं कुछ नाराज़गी है तो वह बस सामाज की इसी विसंगति को लेकर है। उनका वैमनस्य राजनैतिक विद्रूपता के साथ दिखाई देता है। वे समाज-विरोधी तत्वों के प्रति कठोर हैं।

उनकी भाषा ग़ज़लों की भाषा है अर्थात सरल उर्दू अर्थात अगर लिपि देवनागरी के स्थान पर अरबी कर दी जाये तो आसानी से हम उसे उर्दू की ग़ज़ल कह सकते हैं। अब उनकी ग़ज़लों को उर्दू की ग़ज़ल कहने में मुझे किंचित संकोच इसलिए है कि मुझे उर्दू की ग़ज़ल के व्याकरण का ज्ञान नहीं है। इसलिए में व्याकरण की बात न करके उनकी भाषा की ही बात कर रहा हूँ जो सामान्यतः सहज, सरल, बोल-चाल की उर्दू है, इसलिए बोधगम्य है, सुगम है, ग्राह्य है। एक पुरानी कहावत है-हाथ कंगन को आरसी क्या? पढ़े-लिखे को फ़ारसी क्या? आज भले ही भारत में पढ़े-लिखे सामान्य विद्यार्थी को फ़ारसी नहीं आती हो पर हाथ कंगन को आरसी की आवश्यकता तो आज भी नहीं है। अपनी बात की पुष्टी और प्रामाणिकता के लिए प्रस्तुत है प्रदीप अवस्थी की ग़ज़लों के कुछ चुनिंदा शेर। उनकी प्रथम प्रकाशित कृति "रिश्ते उधार के" से बानगी के तौर पर। मेरे सामने जो संकट है वह है तो बस वह यही कि-क्या छोड़? क्या न छोड़ूं? पूरी-पूरी ग़ज़ल के आनंद के लिए आपके हाथों में यह संकलन तो है ही-जिसका नाम है- "रिश्ते उधार के"। प्रदीप के इस प्रथम ग़ज़ल संग्रह की सफलता की कामना के साथ आचमन के लिए उनके कुछ शेर-

गर्दिश में काम आए न अपने, न ग़ैर ही
बेवजह हमने ढोये हैं "रिश्ते उधार के"

सामने आकर ही मेरा क़त्ल कर दो ग़म नहीं
पीठ पर करते हो तुम, उस वार से डरता हूँ मैं

जो नहीं सुनती किसी आवाज़ तक को
हाँ कभी उस भीड़ का हिस्सा रहा हूँ

मैं पहरों बैठकर कुछ सोचता हूँ
हथेली जब भी अपनी देखता हूँ

मुझे उसके सिवा दिखता नहीं कुछ
कभी आँखें जो अपनी मूँदता हूँ

जो मेरे ज़ेहन में है अब वो ख़ुशबू बन के बिखरी है
सुनहरे पंख में लिपटी, कोई तितली-सी लड़की है

आहो-फ़ुग़ाँ-ओ-गर्दिशे-हालात लेकर
हम मर न जायें दोस्तो सदमात लेकर

यूँ तो कहने को समुंदर है वो यारो लेकिन
जब भी देखा उसे मैंने तो प्यासा देखा

जल रहे हो जो मेरे किरदार से
लग रहे हो आप कुछ बीमार से

बिखर कर टूट कर हर ख़्वाब मुझमें ही निहाँ है
लगे हैं ज़िंदगी जैसे कोई अंधा कुआँ है

16 जुलाई 2022

अरुण अपेक्षित

ई/डब्लू -19, ज्ञानशिला-सुपर सिटी,
तलावली चंदा, इंदौर म.प्र., पिन कोड-452002
मोबाइल-9340738632, 9893328600

दरारों को भरतीं ग़ज़लें : रिश्ते उधार के

- डॉ. लखन लाल खरे

अपनी प्रथम कृति के प्रकाशन का अवसर रचनाकार के लिए, किसी उत्सव के उल्लास से कम नहीं होता ! प्रकाशन के लिए उतकंठित रचनाकारों की दो कोटियाँ होती हैं प्रथम वे जो लेखनी थामते ही प्रकाशन के लिए आतुर हो उठते हैं रचना के गुण दोष और परिपक्वता से इन्हें कोई लेना देना नहीं रहता, दूसरी कोटि उन रचनाकारों की होती है जो धैर्यपूर्वक अपने कर्म में रत रहते हैं ! अपनी कृति की सतत मीमाँसा करते हैं और संतुष्ट होने के पश्चात् ही उसे प्रेस में देते हैं ! विवेच्य कृति "रिश्ते उधार के" इसी दूसरी कोटि में अपने रचनाकार सहित परिलक्षित है ! "रिश्ते उधार के" का कवि धीर है, गंभीर है, सहज है, सरल है, विचारवान है चिंतक है भावों से सम्पृक्त है, कल्पनाशील है, और सबसे बड़ी बात संवेदनशील है इनमे से किसी भी एक तत्व के अभाव में प्राणवंत कविता अथवा शायरी का सृजन संभव नहीं ! प्रदीप अवस्थी 'सादिक़' की यह प्रथम कृति प्राणवंत है और मूल्य आधारित भी ! किसी कृति के भीतर झाँकने के लिए उसका शीर्षक एक्स-रे का कार्य करता है, हर स्तर पर जिस प्रकार संबंध दरक रहे हैं उनकी दरारों से प्रस्तुत कृति की पंक्ति-पंक्ति पर अंकित है, "रिश्ते उधार के" कृति की उदघाटक ग़ज़ल के शेर से लिया गया है :-

गर्दिश में काम आए न अपने न ग़ैर ही
बेवजह हमने ढोये हैं रिश्ते उधार के

यह उधार के रिश्तों को ढोने की जो पीढ़ा है वह समष्टिगत है। हमने शब्द इसी व्यष्टि को व्यंजित कर रहा है, यह समष्टिगत चेतना कृति की सम्पूर्ण रचनाओं में व्याप्त है। संग्रह में संकलित 72 रचनाओं में 65 ग़ज़लें हैं, एक मुक्त छंन्द है एक नवगीत है, और 5 गीत हैं यह सब विविधा खण्ड में संग्रहित हैं। कृति कि सामग्री में प्रकृति का नर्तन है, स्मृतियों में सुरक्षित मनोहारे हैं, रूप है लावण्य है और मधुर संबंधों के रेशमी धागे हैं, पर ये संबंध भी दरके से प्रतीत होते हैं, ग़ज़लों में भी, विविधा में भी।

तुम्हारी स्मृतियों में
तनिक भी शेष
यदि होंगे मेरे स्वप्न
फिर तुम भी तो होगी
इसी उलझन में
कोई भी तो न होगा
तुम्हारे पास
जो करे तुमसे
मेरा ज़िक्र

अब के ऐसा सावन आया
हमने रो-रो मन बहलाया
फूल खिले न पंछी चहके
तुम न आए कोई न आया
तुम आते तो सब आ जाते

रोना तभी होता है जब पीर घनेरी होती है, यह पीर चाहे स्थूल हो अथवा सूक्ष्म, इस पीर की तरंग "रिश्ते उधार के" की प्रथम पंक्ति से प्रारम्भ होकर कृति की समापन पंक्ति तक व्याप्त है।

उधार शब्द व्याकरणिक रूप से संज्ञा है, यह ऐसी व्यवस्था को ध्वनित करता है जो किसी निश्चित समय के लिए एक व्यक्ति दूसरे व्यक्ति से अर्थ या अन्य वस्तु के रूप में अपनी आवश्यकता की पूर्ति हेतु प्राप्त करता है, और निर्धारित समय अवधि में उसे वापिस करता है उधार देने वाला अपने अर्थ, वस्तु की वापिसी हेतु आशांवित रहता है। अपवाद स्वरूप कभी-कभी उधारी वापिस नहीं भी आती है, परन्तु कवि आशावादी है, उसे विश्वास है कि रिश्तों की उधारी में छल नहीं होगा।

कोई किसी का दिल न तोड़े
काश यही दस्तूर रहे

'सादिक़' हमें अपनों ने छला है
हम भी बनकर सूर रहे

दुष्यन्त कुमार को हिंदी ग़ज़ल का प्रणेता माना जाता है, तब से अधतन ग़ज़ल लेखन में आशातीत वृद्धि हुई है, लोकप्रिय विद्या के रूप में अपना स्थान बनाया है। प्रदीप जी भी मूलतः ग़ज़लकार हैं, ग़ज़ल के अपने तेवर होते हैं, अपना शास्त्र होता है, प्रदीप जी ने भी इस तेवर को और इस शास्त्र को आत्मसात किया है, नए गढ़े हुए मुहावरे इस तेवर को और बढ़ाते हैं।

पूछिए मत किस तरह होती गुज़र है मुफ़लिसी
छुट्टियों के नाम से इतवार से डरता हूँ मैं

किस मक़ाँ पर आ गयीं है भूख अपनी
गाय बछड़े तक उबाले जा रहे हैं

ख़रीदे तोप और गोले हमारे हुक्मरानों ने
मगर सैनिक को क्यों अच्छी कभी वर्दी नहीं आयी

तेरी यादों के ये पलछिन्न बहुत बोझिल से होते हैं
कि तेरी याद आते ही लचक जाती है तन्हा शाम

उपयुक्त संक्षिप्त उद्धरणों में शेरों कि अंतिम पंक्तियों में प्रयुक्त ऐसे गढ़े गए मौलिक मुहावरों के तेवर अवलोकनीय हैं, यह थी ग़ज़लों के तेवर की बात। दूसरी बात है शास्त्रीयता। रदीफ़, क़ाफ़िया, वज़्न की बात मेरे लिए गौण है, बात है शब्द प्रयोग और उन प्रयुक्त शब्दों में अंतर्निहित व्यंजना का विस्तार। इस दृष्टि से संकलन की दूसरी ग़ज़ल मुझे अतिप्रिय लगी, ग़ज़ल की केवल छः पंक्तियाँ उद्धरित कर रहा हूँ जिससे मेरे कथन का संबंध है,

झूठ है अपवाह है, तलवार से डरता हूँ मैं
दोस्तों बस इक तुम्हारे प्यार से डरता हूँ मैं

सामने आकर ही मेरा क़त्ल कर दो ग़म नहीं
पीठ पर करते हो तुम उस वार से डरता हूँ मैं

वक़्त के मफ़िक बदलते हो जो अपने आप को
इस बदलते आप के किरदार से डरता हूँ मैं

साधारण पाठक प्रदीप जी के द्वारा प्रयुक्त सर्वनामिक पदों 'तुम्हारे' 'तुम' 'आपके' में निहित व्यंजना को ग्राह्य नहीं कर सकता, उसे इन शब्दों में कोई अंतर भी प्रतीत नहीं होगा। तुम, तू, तेरा, आप, आपका, जैसे शब्दों के भेद भाषा और प्रयुक्ति - इतिहास का विवेचन यहाँ अभिप्रेत नहीं हैं! हम इतना ही जानते हैं कि तुम, तू, में अपनत्व का जो भाव निहित है आप, आपको, में नहीं।

उपर्युक्त उद्धरण के प्रथम व द्वितीय, शेर में विपरीत चित्रण होने पर भी मित्र को अपनत्व भरा उलाहना है, "तुम्हारे प्यार से डरता हूँ मैं " और पीठ पर करने वाले वार भी स्वीकार्य हैं। क्योंकि मेरे लिए "तुम" तुम हो इसलिए तुम्हारा स्नेह छोड़ा नहीं जा सकता, परन्तु जैसे ही तुम अपना चरित्र बदलोगे तुम मेरे लिए "आपके" हो जाओगे। मुझसे दूर हो जाओगे ! "इस बदलते आपके किरदार से डरता हूँ मैं "

प्रदीप जी के इस प्रथम प्रकाशन के लिए हार्दिक बधाई। विश्वास है यह संकलन साहित्य जगत में अपना विशेष स्थान प्राप्त करेगा। इनके आगामी संकलन के स्वागत के लिए हम आशांवित हैं

- प्रोफ़ेसर डॉ. लखन लाल खरे

जिला अध्यक्ष म. प्र. लेखक संघ संघ

पूर्व प्राचार्य, शा महाविद्यालय करैरा, म. प्र.

गली नं 3 मुदगल कॉलोनी, मानियर

शिवपुरी म. प्र.

'रिश्ते उधार के' प्रदीप अवस्थी 'सादिक़' का पहला काव्य संग्रह है जिसमें ज़ियादातर ग़ज़लें हैं, कुछ गीत और नवगीत भी। जैसा कि नाम से ज़ाहिर है 'रिश्ते उधार के', मानवीय संवेदनाओं की तस्वीर शब्दों में उकेरी है 'सादिक़' जी ने। बहुत ही आसानी से वो सामाजिक परिदृश्य को अपने शब्दों में बख़ूबी कह जाते हैं। एक बानगी देखिए इस शे'र में..

गर्दिश में काम आए न अपने न ग़ैर ही
बे-वजह हमने ढोए हैं रिश्ते उधार के।

आज के दौर में ऐसा होना आम बात है क्योंकि हमने अपने आप को ख़ुद तक या सिर्फ़ अपने परिवार तक सीमित कर लिया है ऐसे में बहुत से मरासिम मजबूरी में ढोए जा रहे हैं। शाइर ने अपनी ज़बान से सबकी बात कह दी है।

मसअला सियासत का हो या षड्यंत्रों का, मुफ़लिस का हो या अमीरी का, इश्क़ का हो या इबादत का, शाइर ने तमाम पहलुओं को बहुत ही सलीक़े से पुख़्तगी के साथ अपने अशआर में बयाँ किया है।

वही आहें वही टीसें वही आँसू
तमाशा रोज़ का है और मैं हूँ

मुश्किलों के दौर की तस्वीर, हर इंसान का दर्द बयाँ किया है

प्यार मुहब्बत की बातें वो क्या जानें
जिनको केवल आग लगाना आता है

सचबयानी ही है, शाइर का लहजा साफ़ है और नज़रिया भी

छुपाया न जाये बताया न जाये
उदासी का आख़िर ये क्या माजरा है

कौन अपना है कौन पराया, कहे न कहे यही कश्मकश सबकी है

मेरे घर भी आना ए ख़ुशियों कभी तुम
मैं बैठा हूँ कब से ही पलकें बिछा कर

एक इल्तिजा, जो हर कोई करता है और ये ज़रूरी भी है।

जो उसूलों की डगर पर चल रहा हो ऐ ख़ुदा
रास्ता उसका न फिर दुश्वार होना चाहिए

अपने लिए ही नहीं सभी के लिए यही उम्मीद करता है शाइर

भूखा बचपन तंग जवानी काग़ज़ पर
लिखता हूँ मैं रोज़ कहानी काग़ज़ पर

यही फ़र्ज़ है शाइर का, कम-अज़-कम ज़माने का दर्द अपने क़लम से ईमानदारी से बयाँ करे ऐसे और तमाम अशआर हैं जो बेताब हैं पाठक तक पहुँचने के लिए, सिर्फ़ ग़ज़लें ही नहीं बल्कि गीत और नवगीत में भी 'सादिक़' जी अपनी छाप छोड़ते नज़र आते हैं।

मैं इस संग्रह के लिए प्रदीप अवस्थी 'सादिक़' को बधाई और शुभकामनाएँ प्रेषित करता हूँ। उनका यह संग्रह आम जनता तक अपनी पैठ बनाएगा, यही उम्मीद है।

दीपक नगायच 'रौशन'
उदयपुर (राजस्थान)
9460826878

अनुक्रम

ग़ज़लें

विविध

ग़ज़लें

1

देखे नहीं हैं दिन कभी हमने बहार के
आए हैं हम तो ज़ीस्त ख़िज़ाँ में गुज़ार के

गर्दिश में काम आए न अपने न गैर ही
बेवजह हमने ढोये हैं रिश्ते उधार के

सूरत कोई तो हो कि वो सुन ले मेरी सदा
मैं थक चुका हूँ या ख़ुदा उसको पुकार के

किससे गिला करें कि कोई साथ में नहीं
रहता है साथ कौन भला दाग़दार के

ऐ ज़िन्दगी तू हमको यूँ रुस्वा न कर अभी
हम जाएँगे इक दिन तेरे एहसाँ उतार के

इस दिल को आज भी है तमन्ना उसी की दोस्त
जो दे गया है लम्हे मुझे इंतज़ार के

झूठ है अफ़वाह है तलवार से डरता हूँ मैं
दोस्तो बस इक तुम्हारे प्यार से डरता हूँ मैं

सामने आकर ही मेरा क़त्ल कर दो ग़म नहीं
पीठ पर करते हो तुम उस वार से डरता हूँ मैं

वक़्त के माफ़िक बदलते हो जो अपने आपको
इस बदलते आपके किरदार से डरता हूँ मैं

इसलिए तन्हाई में अब कट रही है ज़िंदगी
घुँघरुओं के शोर से झन्कार से डरता हूँ मैं

एक मुद्दत हो गयी है साथ में उसके मगर
कह न पाया हाले-दिल इन्कार से डरता हूँ मैं

पूछिये मत किस तरह होती गुज़र है मुफ़लिसी
छुट्टियों के नाम से इतवार से डरता हूँ मैं

ज़िंदगी से इक तजुर्बा ये मिला 'सादिक़' मुझे
अब किसी पागल नहीं हुशियार से डरता हूँ मैं

3

बेसबब पत्थर उछाले जा रहे हैं
लोग अब घर से निकाले जा रहे हैं

बन रही हैं नीतियाँ जिनके लिए सब
हाथ से उनके निवाले जा रहे हैं

हो रहा क्या मुल्क मे कुछ तो कहें वो
लोग क्यों साँचे में ढाले जा रहे हैं

किस मकाँ पर आ गयी है भूख अपनी
गाय बछड़े तक उबाले जा रहे हैं

हम भला ठहरे बड़ी अब ज़ात वाले
सो सियासत से निकाले जा रहे हैं

तीरगी अब दे रही दस्तक मिरे घर
छोड़ कर घर को उजाले जा रहे हैं

है ख़बर किसको कहाँ जाकर के बरसें
चिर के जो बादल ये काले जा रहे हैं

जल के अपनी राह में रौशन हुआ हूँ
तीरगी से इस तरह हर शब लड़ा हूँ

जो नहीं सुनती किसी आवाज़ तक को
हाँ कभी उस भीड़ का हिस्सा रहा हूँ

एक अर्से बाद उससे गुफ़्तगू की है
एक अर्से बाद फिर ज़िन्दा हुआ हूँ

वो बुझा पाया न मेरी तिश्नगी को
उस समुंदर के भरोसे में ठगा हूँ

यार पहले तू लगाले दाव तेरे
इस सियासी खेल में मैं तो नया हूँ

यूँ लगे 'सादिक़' क्रि पागल हो गया हो
आदमी को आदमी में ढूँढ़ता हूँ

5

है मेरे सामने कैसा ये मंज़र
हुआ बहरा वो अपनी बात कहकर

कोई हलचल नहीं है मेरे भीतर
न जाने सो गया है कौन थककर

मैं इक पत्थर से ज़्यादा कुछ नहीं हूँ
जो तू चाहे चुभाकर देख नश्तर

कसक सी हो रही सीने में मेरे
लगे यूँ टूटा है कुछ दिल के अंदर

रखूँ में क्यूँ भला जन्नत की ख़्वाहिश
मेरा जब यार हैं परियों का पैकर

महकने लगते हैं ये हाथ मेरे
हुआ है तज्रिबा ये उसको छूकर

सुना है ज़हर होती है मुहब्बत
चलो हम देखते हैं इसको पीकर

निशानी है मेरे अपनों की 'सादिक़'
रक्खा है मैंने ज़ख़्मे-ख़ंजर

6

मैं पहरों बैठकर कुछ सोचता हूँ
हथेली जब भी अपनी देखता हूँ

किसी बच्चे को रोता देख लूँ तो
न पूछो कैसे ख़ुद को रोकता हूँ

सफ़र कितना मेरा बाक़ी है लोगों
मैं रुक-रुक कर ये सब से पूछता हूँ

मेरा क़ातिल मैं ख़ुद हूँ या ख़ुदाया
मैं ख़ुद ही रूह अपनी नोचता हूँ

मुझे उसके सिवा दिखता नहीं कुछ
कभी आँखें जो अपनी मूँदता हूँ

भले जीती नहीं दुनिया की बाज़ी
मगर मैं खेल सारे जानता हूँ

मेरा दुश्मन जहाँ है इसलिए मैं
उसी को बारहा यूँ देखता हूँ

अभी है काटनी इक उम्र मुझको
मैं नाहक़ यार क्या क्या सोचता हूँ

रिश्ते उधार के

जो मेरे ज़ेहन में है अब वो ख़ुशबू बनके बिखरी है
सुनहरे पंख में लिपटी, कोई तितली सी लड़की है

किनारे लग न पाया वो, जो डूबा उसकी आँखों में
वो कोई झील है, दरिया है या, सागर के जैसी है

बदलती रहती है ख़ुद को समय की धार में बहकर
न तेरी है न मेरी है, ये दुनिया कितनी अच्छी है

करूँ गैं क्यूँ भला फ़रियाद, तुझसे ये मेरे मालिक
लकीरें मेरी अपनी हैं, मेरी तक़दीर अपनी है

सफ़र में छोड़ने वाले, तुझे क्या दोष दूँगा मैं
किसी से भी नहीं मिलती, मेरी तबीअत ही ऐसी है

मैं ख़ुद को क़ैद कर लेता हूँ, जब गर्दिश में होता हूँ
तसल्ली देता हूँ मन को, कि दुनिया चार दिन की है

है इतना फ़साना मेरी ज़िन्दगी का
न मेरा है कोई न मैं हूँ किसी का

दुआएँ तुम्हारी असर क्या करेंगी
बड़ा गहरा साया है हमपे बदी का

अगर तैरने का हुनर जानते हम
तो क्यों ढूँढ़ते फिर किनारा नदी का

मैं उकता गया हूँ ये सुन सुन के बातें
सुनाओ मुझे अब सुख़न बेख़ुदी का

9

पास हमारे आ कर देखो
हम को भी अज़माकर देखो

बोझिल मन कुछ हल्का होगा
अपना ग़म बतला कर देखो

दामन में तारे भर दूँगा
आँचल तो फैला कर देखो

बात बढ़ाओ धीरे धीरे
ऐसे मत उकता कर देखो

मिलना है गर तुमको ख़ुद से
अपनी ख़ाक उड़ा कर देखो

मयख़ानों में क्या रक्खा है
हमको पास बिठाकर कर देखो

वक़्त बदल दो तुम ख़ुद अपना
क़िस्मत को झुठला कर देखो

इक दिन मंज़िल पा जाओगे
कुछ तो क़दम बढ़ाकर देखो

आग लगा कर हँसने वालो
बस्ती एक बसाकर देखो

तन्हा-तन्हा क्यों रहते हो
हमको दोस्त बना कर देखो

हर मुश्किल का हल निकलेगा
ख़ुद को तो समझाकर देखो

अर्श पे धुंध छाने वाली है
शम'अ हमने नयी जलाली है

बात उसकी करूँ मैं क्या तुमसे
उसकी हर बात ही निराली है

आज फिर रो के सो गए बच्चे
आज फिर जेब मेरी खाली है

उसको सारा निज़ाम सौंप दिया
घर में वो ही तो काम वाली है

चाँद पूनम का था कभी मैं भी
आज हर रात मेरी काली है

जोश में होश मत गवा 'सादिक़'
राह दुश्वार आने वाली है

हसीं इक राब्ता है और मैं हूँ
तुम्हारा दायरा है और मैं हूँ

ज़माना बन गया दुश्मन जो मेरा
करम ये आपका है और मैं हूँ

मुक़ाबिल रात है तन्हा सफ़र है
नया इक रास्ता है और मैं हूँ

वही आहें, वही टीसें, वही आँसू
तमाशा रोज़ का है और मैं हूँ

ख़ुदा की नेमतें हैं सर पे मेरे
उन्हीं का आसरा है और मैं हूँ

हिक़ारत कर रहे हैं लोग मुझसे
कि मुस्तक़बिल बुरा है और मैं हूँ

12

आहो-फ़ुग़ाँ-ओ-गर्दिशे-हालात   को   लेकर
हम मर न जाएँ दोस्तो सदमात को लेकर

दिल छोड़ भी दे फ़ुर्क़ते-ग़ाम और क्या करना
तू कब तलक यूँ रोएगा इक बात को लेकर

है हक़ तुझे ख़ुशियाँ मना ये जीतने वाले
हम भी पशेमाँ हैं बहुत उस मात को लेकर

टूटे हुए ख़्वाबों ने ऐसे शोर कर दिया
ज्यों दिल से गुज़रा हो कोई बारात को लेकर

कैसे बताएँ हम कि उल्फ़त से मिला है क्या
हैरान हैं हम ख़ुद भी उस सौग़ात को लेकर

छत फूस की है और हमारे घर हैं मिट्टी के
बेवजह हम डरते नहीं बरसात को लेकर

'सादिक़' उसी को मैंने अपना राहबर चुना
जो खेलता है अब मेरे जज़्बात को लेकर

13

क्या मिला है हमें जफ़ा करके
दूर ख़ुद से वो हमनवा करके

लौटके आ गया मैं घर अपने
खत्म सारे वो राब्ता करके

तुमने माँगा हमेशा हक़ अपना
फ़र्ज़ देखा नहीं अदा करके

हड्डियाँ ढूँढ़ते हैं अब देखो
आग में मुझको वो जला करके

कुछ न हासिल कभी तुम्हें होगा
अश्क बे-वजह यूँ बहा करके

दूर दुनिया से अब चलो देखें
रूह को जिस्म से जुदा करके

अब तलक हम चले रिवाजों पर
देख लें आज कुछ नया करके

इक ग़ज़ल मैं लिखूँ कभी उस पर
ख़ुद को उसका ही क़ाफ़िया करके

क्या मिला है तुझे बता तो सही
ख़्वाबों को मेरे रेख़्ता करके

मुझको अफ़सोस है बहुत 'सादिक़'
अपने लोगों से फ़ासला करके

बाद मुद्दत के हसीं हमने सवेरा देखा
हम अँधेरे से जो निकले तो उजाला देखा

यूँ तो कहने को समंदर है वो यारो लेकिन
जब भी देखा है उसे मैंने तो प्यासा देखा

छुपते देखा है सितारों को फ़लक पर जब भी
एक जुगनू को उसी वक़्त चमकता देखा

रोज़ देखा है उसे हँसते हुए महफ़िल में
हाँ अकेले में मगर उसको सिसकता देखा

सबने देखे हैं मेरे गर्दिशे-हालात मगर
जाने क्यों तुम ही ने मुझको न तड़पता देखा

रिश्तों की तुरपाई कराना आता है
हमको अपना फ़र्ज़ निभाना आता है

हर चहरा ही हँसता दिखता है मुझको
सबको अपना दर्द छुपाना आता है

गीले काँटें सारे नाज़ुक होते हैं
सूख गए तब नौक चुभाना आता है

रोज़ बदलती रहती है दुनिया लेकिन
सदियों गुज़रे एक ज़माना आता है

मैं चिड़ियों को अब सैयाद नहीं लगता
मुझको उनको पंख लगाना आता है

महफ़िल में हों या हों हम तन्हाई में
हमको अपना दिल बहलाना आता है

प्यार मुहब्बत की बातें वो क्या जानें
जिनको केवल आग लगाना आता है

एक बुराई अच्छी लगती है सबको
'सादिक़' तुमको सच बतलाना आता है

मेरे मौला तेरी मुझ पे इनायत और हो जाती
उसे गर मुझसे जो थोड़ी मुहब्बत और हो जाती

ज़बाँ से कह न पाया मैं, वो नज़रों से समझ जाता
हमारे दरमियाँ ये काश सुहबत और हो जाती

उसे चाहा, उसे पूजा, मगर पिघला न दिल उसका
असर होता इबादत में तो क़िस्मत और हो जाती

हुआ अच्छा कि वो पर्दानशीं होकर रहे मुझसे
अगर वो सामने आते शरारत और हो जाती

कभी अपने उसूलों की तिजारत कर नहीं पाए
जो हम बिकने पे आ जाते तो शुहरत और हो जाती

हुए हालात कुछ ऐसे कि हम रस्ता बदल आए
जो उसके साथ चलते तो अदावत और हो जाती

बुरा लगता है क्यों 'सादिक़' जो अब काँटें सा चुभता है
उसे गर प्यार मिल जाता तो फ़ितरत और हो जाती

जल रहे हो जो मेरे किरदार से
लग रहे हो आप कुछ बीमार से

क्या छुपाते फिर रहे हो इस तरह
मिल गया क्या कुछ तुम्हें दरबार से

जो अना में ही अपनी मग़रूर थे
बिक रहे हैं आज वो अख़बार से

ले रहे प्याले, निवाले मुफ़्त के
हैं गिले फिर भी उन्हें सरकार से

अपने मुँह मिट्ठू मियाँ तो हो लिए
सीख लेते कुछ हुनर फ़नकार से

हमने 'सादिक़' हस के काटी मुफ़लिसी
हमने कुछ माँगा नहीं ज़रदार से

मुझे उसने कभी चाहा नहीं था
वो मेरा था मगर मेरा नहीं था

तू आया क्यों मेरे नज़दीक़ इतने
जो हाले-दिल तुझे कहना नहीं था

उजाला था तेरे होने से दिल में
तुझे दिल तोड़ के जाना नहीं था

हमे करने थे अपने ख़्वाब पूरे
सफ़र में यूँ अभी थकना नहीं था

अलग अपना ही हम रस्ता बनाते
समय की धार में बहना नहीं था

मिले हैं दिलनशीं मुझको कई पर
कोई उनमें तेरे जैसा नहीं था

19

वो मुझे सोचा करेगी
वक़्त यूँ ज़ाया करेगी

रूठकर ये नींद ज़ालिम
रात भर जागा करेगी

देख लेना ये मुहब्बत
आपको तन्हा करेगी

क्या बचोगे तिश्नगी से
हर क़दम पीछा करेगी

आँख से आँसू गिरे तो
ज़ीस्त भी रुस्वा करेगी

धूल क़दमों से लिपटकर
रास्ता रोका करेगी

ज़िन्दगी मुझसे बिछड़कर
वस्ल को तरसा करेगी

हद से जब बढ़ जाएगी तो
भूख ख़ुद फ़ाक़ा करेगी

हक़ बयानी उसकी 'सादिक़'
सबको ही शैदा करेगी

मुझे उसने कभी चाहा नहीं है
मेरा होकर भी वो मेरा नहीं है

सुनो अब ये मेरी आँखों के अश्को
किसी सूरत तुम्हें बहना नहीं है

तू आया क्यों मेरी नज़दीक़ इतने
जो हाले-दिल तुझे कहना नहीं है

चलोगे कब तलक तुम साथ मेरे
मेरे हिस्से कोई साया नहीं है

मिले हैं बेवफ़ा मुझको कई पर
कोई उनमें तेरे जैसा नहीं है

मेरा दिल बारहा खाता है धोखे
मगर फिर भी मेरी सुनता नहीं है

न पूछो मुहब्बत का क्या फ़लसफ़ा है
ये हो जाये जिसको वही जानता है

कभी तो मुहब्बत इनायत सी लगती
कभी लगती जैसे कि कोई सज़ा है

बहकने लगे हैं क़दम धीरे-धीरे
ये दिल मुझको किस रास्ते ले चला है

छुपाया न जाये बताया न जाये
उदासी का आख़िर ये क्या माजरा है

है फूलों सी नाज़ुक, हवाओं सी चंचल
बहुत ख़ूबसूरत मेरी दिलरुबा है

न पूछो अभी हाल क्या है हमारा
नयी है मुहब्बत नया वाक़िया है

जहाँ भर को दुश्मन बनाया है तूने
ये दिल मेरे आख़िर तू क्या चाहता है

गुनहगार हो तुम बराबर के 'सादिक़'
न वो बेख़ता है न तू बेख़ता है

वो जब जब हमसे दूर रहे
हर महफ़िल का ही नूर रहे

हम जब जब उनसे दूर रहे
ग़मगीन रहे, बेनूर रहे

भूल न पाए इक पल उसको
दिल के हाथों, मजबूर रहे

हमसे बिछड़ कर ख़ुश रहता वो
हम जिसके ग़म में चूर रहे

वो जैसा है मेरा है, 'या' रब
हर ग़म उससे काफ़ूर रहे

दिल न किसी का कोई तोड़े
ये काश यही दस्तूर रहे

'सादिक़' को अपनों ने छला है
हम फिर भी बनकर सूर रहे

कभी हँसना कभी रोना पड़ा है
यही तो ज़िन्दगी का फ़लसफ़ा है

दिया भी बुझ गया कुछ देर पहले
अँधेरी रात है, मैं हूँ, हवा है

न जाने कौन भटका है सफ़र में
फ़िज़ा में गूँजती किसकी सदा है

कहाँ जाऊँ कहाँ ढूँढूँ तुझे मैं
तू लम्हा वक़्त से टूटा हुआ है

मिटाना चाहता हूँ मैं यक़ीनन
हमारे दरमियाँ जो फ़ासला है

कोई धागा नहीं जो टूट जाये
हमारी दोस्ती का सिलसिला है

अगर तुम रोओगे दुनिया हँसेगी
ज़माने का यही तो क़ायदा है

बुझा लेते हैं हम ख़ूने-जिगर से
हमारी प्यास का इक दायरा है

न माँगो तुम किसी से कुछ भी 'सादिक़'
मिलेगा वो जो क़िस्मत में लिखा है

प्रदीप अवस्थी

कभी अनबन, कभी चाहत, कभी तकरार की बातें
ज़माने भर से अच्छी हैं मेरे दिलदार की बातें

मैं उसको कैसे समझाऊँ, कि मेरी जां निकलती है
वो जब करता है हँस हँस के, किसी से प्यार की बातें

ज़बाँ से ख़ुशबू आती है जो उसका ज़िक्र आ जाए
महकने लगती हैं जैसे किसी गुलज़ार की बातें

इसी कोशिश में रहता हूँ कि उससे हाले-दिल कह दूँ
लबों तक आ नहीं पातीं मगर इज़हार की बातें

वो मुझको देखकर अपनी निगाहें फेर लेती है
मैं उससे करता हूँ जैसे फ़क़त बेकार की बातें

अगर सच जानना है तो निकलकर देखिए घर से
हमेशा सच नहीं होतीं किसी अख़बार की बातें

न मानोगे जो उनकी बात, 'सादिक़' सर कटाओगे
भलाई है इसी में मान लो, सरकार की बातें

प्यार का मौसम सुहाना आ गया
याद फिर गुज़रा ज़माना आ गया

हो गया है दिल मेरा पत्थर बहुत
चोट खाकर मुस्कुराना आ गया

हार मानूँगा नहीं मैं आपसे
दाँव मुझको भी लगाना आ गया

हो गये हैं वो जवाँ जबसे सनम
उनको भी नज़रें चुराना आ गया

अब नहीं होती मेरे घर तीरगी
साँझ होते दिल जलाना आ गया

ये मुफ़लिसी हमारी कि रहने को घर नहीं
जो छाँव दे हमें कोई ऐसा शजर नहीं

इस रौशनी के शौक़ ने सब धुँधला कर दिया
अब दूर तक मुझे आता कुछ भी नज़र नहीं

ये लोग हैं जो पूछते हैं हाल को तेरे
कैसे कहूँ मुझे तो मेरी ही ख़बर नहीं

मर मर के जी रहा हूँ तेरी याद में सनम
आजा सनम कि अब मुझे दुनिया का डर नहीं

चल तो रहे हो साथ मेरे सोच लो मगर
दुश्वारियों से ख़ाली हमारा सफ़र नहीं

अपनी पनाह में सदा रखना मेरे मौला
तेरे सिवाय अब कहीं 'सादिक़' का दर नहीं

किस हसीं ज़ेरो-ज़बर में आ गया हूँ
जब से मैं तेरे असर में आ गया हूँ

इक ज़रा सी बात क्या सच बोल दी है
बेसबब सबकी नज़र में आ गया हूँ

ऐ हसीनों थाम लो तुम दिल को अपने
लौट के मैं फिर नगर में आ गया हूँ

मुन्तज़िर बैठा हुआ हूँ शाम से मैं
भोर के आख़िर पहर में आ गया हूँ

चैन अब मिलता नहीं दैरो-हरम में
साक़ी मैं तेरे ही घर में आ गया हूँ

आ गया हूँ छोड़ कर मैं सबको 'सादिक़'
क्या कहूँ अब किस सफ़र में आ गया हूँ

इस दस्ते-तसव्वुर से ख़ुमारी नहीं जाती
तस्वीर तेरी दिल से उतारी नहीं जाती

उस रोज़ लिया तुझसे तबस्सुम का जो क़र्ज़ा
हर रोज़ चुकाता हूँ उधारी नहीं जाती

दिन रात का हम कैसे करें हँसके तक़ाज़ा
जो एक घड़ी ग़म की गुज़ारी नहीं जाती

हम उसको सदा दें तो, मगर जानते हैं हम
आवाज़ भी उस ओर, हमारी नहीं जाती

वो नोंच के दिल ले गया बेदर्द सितमगर
बस जान बची है वही वारी नहीं जाती

सितारे तोड़कर ये आसमाँ से कौन लाया है
ये किसके नूर से धरती का दामन जगमगाया है

न बिजली थी न तारे थे न दीपक था न चिंगारी
चमकते एक जुगनू ने मुझे रस्ता दिखाया है

तुम्हारा नाम लेकर दे रहा कोई सदा कब से
पलटकर देखिये साहब न जाने कौन आया है

कहाँ मिलते हैं दुनिया में भला अब आप जैसे लोग
ख़ुदा का शुक्र है जो आपसे हमको मिलाया है

उसे भी आज़मा कर देख आये बारहा 'सादिक़'
जो कहता था ख़ुदा तुमको मुहब्बत में बनाया है

बिखर के टूट के हर ख़्वाब मुझमें ही निहाँ है
लगे है ज़िन्दगी जैसे कोई अंधा कुआँ है

उबलकर ख़ूँ जिगर का आँख में आकर के ठहरा
न जाने क्या जला है रूह में उठता धुआँ है

न मैं ख़ुद हूँ न कोई है न अब एहसास है बाक़ी
भला इस ज़िन्दगी में ज़िन्दगी आख़िर कहाँ है

कभी हमसे ही रिस्ता था हमें ही भूल बैठे हो
बताओ तो हुआ किस बात का तुमको गुमाँ है

मिले फ़ुर्सत कभी तुमको हथेली देखना अपनी
लकीरें मेरे हाथों की दफ़न सारी वहाँ हैं

लबों से वो मेरे तबस्सुम चुरा कर
कहाँ खो गया मेरी पलकें भिगा कर

जिसे अपना रहबर समझता रहा मैं
गया है वो राहों में काँटें बिछा कर

मुहब्ब्त नहीं है तो ये और क्या है
वो इन्कार करता है नज़रें झुका कर

न अपना है कोई न कोई पराया
जो दे-दे तसल्ली गले से लगा कर

मेरे घर भी आना ये खुशियों कभी तुम
मैं बैठा हुआ कब से पलकें बिछा कर

किसी से मेरा कोई रिश्ता नहीं है
मुझे सबने लूटा है रिश्ता बना कर

वही काम आएँगे आख़िर में 'सादिक़'
रखोगे जो थोड़े से पैसे बचा कर

दरो-दीवार पूछेंगे, गुलों से ख़ार पूछेंगे
मैं जो रुख़सत हुआ तो सब मेरे आज़ार पूछेंगे

कहाँ है शख़्स वो जो हँस के दरिया पार करता था
भँवर में डूबते तिनकों से ये मझधार पूछेंगे

उदासी का सबब पूछेंगे उनके हाथ के कंगन
गुलाबी तिश्रा-लब उनके, कभी रुख़सार पूछेंगे

वही मुंसिफ़ वही क़ातिल वही हमराज हैं मेरे
वो सब कुछ जानते हैं क्या मेरे ग़ामख़्वार पूछेंगे

ग़लतफ़हमी की दीवारें गिराना है नहीं मुश्किल
जो अपने रूठ जाएँ तो मनाना है नहीं मुश्किल

झुका कर देखिये सर को अदब से आप भी अपना
बहुत आसान है इज़्ज़त कमाना है नहीं मुश्किल

मुहब्ब्त में ये ख़ामोशी, अजी अच्छी नहीं लगती
लबों को खोल भी दो, मुस्कुराना है नहीं मुश्किल

अँधेरी रात है गहरी, हवाएँ तेज़ हैं फिर भी
जला लो इक दिया यारो, जलाना है नहीं मुश्किल

नहीं था तेरी क़िस्मत में, मिला दो चार दिन को था
तू उसको भूल जा प्यारे, भुलाना है नहीं मुश्किल

वो सबसे हसके मिलता है नज़र से बात करता है
कि उसकी आँख से काजल चुराना है नहीं है मुश्किल

मैं कहाँ डरता हूँ अब कोई सज़ा से
मैं तो डरता हूँ फ़क़त उसकी जफ़ा से

इक जरा सी बात पे ही लुट गए हम
हँस के देखा उसने जो हमको अदा से

ज़हर मैं उम्र भर पीता रहा हूँ
मैं कभी डरता न ज़हरीली हवा से

अब नहीं सुनता किसी आवाज़ को मैं
चौंक उठता हूँ मगर उसकी सदा से

अब तेरा 'सादिक़' कोई क्या साथ देगा
दूर जो तू हो गया पासे-वफ़ा से

समझौता ज़िन्दगी से यूँ करना पड़ा मुझे
हर रोज़ क़िस्त क़िस्त में मरना पड़ा मुझे

उस बेवफ़ा से यार मुहब्बत जो हो गयी
सागर में आँसुओं के उतरना पड़ा मुझे

कब तक मैं अपनी आँख में अश्कों को रोकता
तिनके सा आज ख़ुद ही बिखरना पड़ा मुझे

वो कह गया था लौटके आऊँगा एक दिन
इक उम्र इंतज़ार यूँ करना पड़ा मुझे

आसाँ नहीं थी राहे वफ़ा उस पे चल सकूँ
वादों से अपने आप मुकरना पड़ा मुझे

'सादिक़' मुझे वो छोड़ के अब ग़ैर हो गए
जिनके लिए ज़माने से डरना पड़ा मुझे

हम उसको समझाने निकले
अपना दर्द बढ़ाने निकले

जिनको हमने अपना समझा
वो भी सब बेगाने निकले

बात उन्हीं की दुनिया सुनती
सच को जो झुठलाने निकले

गलियों में फिर बरसे पत्थर
हम से जब दीवाने निकले

यादों का जब कमरा खोला
कितने फिर तहख़ाने निकले

कितने भोले भाले हैं वो
'सादिक़' को बहलाने निकले

दिल ने कितने खाये ज़ख़्म
फिर भी रोज़ छुपाये ज़ख़्म

लफ़्ज़ों में जो ढल ना पाये
आँखों से बह आये ज़ख़्म

दुनिया इनको दूर भगाए
लेकिन हमको भाये ज़ख़्म

तुम तो तनहा छोड़ गए हो
कितना साथ निभाये ज़ख़्म

तुमको हमने ख़ुश देखा तो
कितना फिर मुस्काये ज़ख़्म

ये ज़रूरी है हर आदमी के लिए
वो जलाए दिया रौशनी के लिए

व्यर्थ अपनी गँवाते हो क्यों ज़िन्दगी
काम कुछ तो करो इस सदी के लिए

गर करे बात मुझसे, मुहब्ब्त की कर
मैं बना ही नहीं दुश्मनी के लिए

कितने हिस्सों में मैं देखिये बँट गया
अब मुकम्मल नहीं हूँ किसी के लिए

मैं सुनाऊँ उसे हाले-दिल तो मगर
एक दिल भी तो हो आशिक़ी के लिए

मिलके 'सादिक़' रहो प्यार से तुम यहाँ
ज़िन्दगी है मिली दो घड़ी के लिए

मुसाफ़िर हूँ मुझे इक रोज़ थक के चूर होना है
सफ़र से, रास्तों से, मंज़िलों से दूर होना है

मेरी ख़्वाहिश नहीं मैं आपसे सीखूँ अदाकारी
मुझे कब आपके जैसा कभी मशहूर होना है

मेरी दुनिया मेरी जन्नत, मेरी दहलीज़ के भीतर
इसी में डूबना मुझको, इसी का नूर होना है

हमारी मुफ़लिसी को देखकर रस्ता बदलते हो
अमाँ ये कुछ नहीं बस आपका मग़रूर होना है

तेरे सजदे में रहता हूँ, मगर ये जानता हूँ मैं
तेरे दर पे मेरी अर्ज़ी कहाँ मंज़ूर होना है

अँधेरा देखकर गहरा न हिम्मत हारना बच्चों
चमकना है तुम्हें हर पल, तुम्हें कुहनूर होना है

मुहब्बत का यही हासिल, यही अंजाम है 'सादिक़'
बिखरना, टूटना है रंजो-ग़म से चूर होना है

वो मुझसे कब तलक रूठा रहेगा
मेरा दिल कब तलक रोता रहेगा

दिया गर रात भर जलता रहेगा
मेरा भी हौसला बढ़ता रहेगा

बनोगे हमसफ़र जो आप मेरे
सुहाने गीत दिल गाता रहेगा

मिलेगी ज़ीस्त को राहत यक़ीनन
तेरी यादों का जो साया रहेगा

मैं इक ऐसे सफ़र का हूँ मुसाफ़िर
सफ़र जो उम्र भर चलता रहेगा

रुकेगा अब न वो रोके किसी के
वो इक दरिया है जो बहता रहेगा

सितारे जब तलक होंगे फ़लक पे
चमन ये प्यार का खिलता रहेगा

मुहब्बत के लिखो तुम गीत 'सादिक़'
अमन के वास्ते अच्छा रहेगा

मेरी बाँहों में तेरा आर होना
गुलाबी फिर तेरे रुख़सार होना

मुझे मंज़ूर है मिस्मार होना
तेरे ही इश्क़ में बेज़ार होना

न यूँ तोहमत लगाओ तुम किसी पर
अमाँ अच्छा नहीं है ख़ार होना

दुवाएँ आपकी क्या काम आएँ
लिखा क़िस्मत में जो नाचार होना

बुलाते वो नहीं महफ़िल में मुझको
मुझे भी शौक़ कब, बेगार होना

बहाकर कर छह दिनों तक ख़ूँ-पसीना
किसे भाता है फिर इतवार होना

दग़ा देंगे तुझे अपने ही 'सादिक़'
ज़रूरी है तेरा बेदार होना

तुम्हारे रुख़ में जो साजन कोई नर्मी नहीं आई
नवंबर आ गया लेकिन अभी सर्दी नहीं आई

इसी इक सोच में दुबला हुआ जाता हूँ मैं यारो
मिलन की उसके जानिब से कभी अर्ज़ी नहीं आई

नगर भर में ये चर्चा है कि जाने क्या हुआ होगा
ख़बर क्यों आज के अख़बार में फ़र्ज़ी नहीं आई

ख़रीदे तोप उर गोले हमारे हुक्मरानों ने
मगर सैनिक को क्यों अच्छी कभी वर्दी नहीं आई

किसी को ग़म कि दीवाली में बच्चे सो गए भूखे
किसी को फ़िक्र बच्चों को अभी बर्फ़ी नहीं आई

उठाता आया है झण्डा हमेशा वो सियासत का
मगर मुफ़लिस के हिस्से में कभी कुर्सी नहीं आई

दिल के सब जज़्बात छुपा कर रखते हैं
हम उनकी सौग़ात, छुपा कर रखते हैं

दिन तो कट जाता है उनकी क़ुर्बत में
काटी कैसे रात, छुपाकर रखते हैं

हार चुके हैं यूँ तो हम अपने दिल को
फिर भी उनसे मात, छुपाकर रखते हैं

हम ख़ुश हों या हों फिर दौरे-गर्दिश में
हम अपने हालात, छुपाकर रखते हैं

क्या है उनके दिल मे हम कैसे जाने
वो हमसे हक़-बात, छुपाकर रखते हैं

बताए तो कोई क्या माजरा है
मेरा दिल क्यूँ हुआ मुझसे ख़फ़ा है

ये जाने वाले क्या तुझको पता है
तेरे ग़म ने हमें बूढ़ा किया है

न कोई राहबर है साथ मेरे
नज़र में अब न कोई रास्ता है

सज़ा देकर के मुझको उम्र भर की
तू मुझसे दूर क्यों इतना गया है

किसी दिन हो सके तो लौट आना
चला जा तू जहाँ भी जा रहा है

कहाँ जाऊँ कहाँ ढूँढू तुझे मैं
तू लम्हा वक़्त से टूटा हुआ है

जहाँ रहना हमेशा ख़ुश तू रहना
मेरी तुझसे बस इतनी इल्तिजा है

हर एक पल का मेरे वो रखता हिसाब है
मुंसिफ़ जो मेरा है वही देता अज़ाब है

उसके सिवाए कोई मेरा राज़दाँ नहीं
वो ही है मेरा आइना, वो ही नक़ाब है

लब आपके तो जैसे दो शबनम की बूँद हैं
चेहरा भी देखो आपका खिलता गुलाब है

कैसा अजीब शौक़ ये लोगों को लग गया
जिसको भी देखिये वही पीता शराब है

बिजली चमक रही है हवाएँ भी तेज़ हैं
घर से निकलना देख के मौसम ख़राब है

ये किस तरह का शोर है 'सादिक़' के मुल्क में
आया है मानो फिर से कोई इंक़लाब है

समेटे दिन की सब उलझन चली आती है तन्हा शाम
मगर ये साथ में अपने किसे लाती है तन्हा शाम

तुझे सोचूँ तुझे देखूँ तुझे महसूस कर पाऊँ
हो जिसमें ज़िक्र बस तेरा वही भाती है तन्हा शाम

किनारे बैठ दरिया के वो सरे गीत सुनता हूँ
जो हमने गुनगुनाये थे वही गाती है तन्हा शाम

तेरी यादों के ये पलछिन्न बहुत बोझिल से होते हैं
कि तेरी याद आते ही लचक जाती है तन्हा शाम

मैं उससे रोज़ कहता हूँ कि तुझसे हाले-दिल कह दे
ज़रा सी बात भी तुझसे न कह पाती है तन्हा शाम

हूँ जिसका मुन्तज़िर उसको ख़बर भी तो नहीं 'सादिक़'
कि उसको याद कर कर के गुज़र जाती है तन्हा शाम

रिश्ते उधार के

कभी इज़हार हमको प्रेम का करना नहीं आया
उसे सुनना नहीं आया, मुझे कहना नहीं आया

मिली न शम'अ ही कोई, कि जल के ख़ाक हो जाते
हमें भी बनके परवाना कभी जलना नहीं आया

कटीं हैं रात ख़्वाबों में कटे दिन बेकरारी में
हक़ीक़त ख़्वाब को लेकिन कभी करना नहीं आया

नज़र से दूर थी मंज़िल बड़े दुश्वार थे रस्ते
मिला न रहगुज़र कोई, मुझे चलना नहीं आया

मैं अपनी जान भी देता अगर वो प्यार से कहता
ज़रा-सी बात थी लेकिन उसे कहना नहीं आया

न मैंने हाथ फैलाये किसी कमज़र्फ़ के आगे
अना को जीते जी मेरे कभी मरना नहीं आया

बदलना चाहता तो था कि उसके जैसा हो जाऊँ
मगर 'सादिक़' को साँचे में कभी ढलना नहीं आया

भटकते रहे दर-ब-दर ज़िन्दगी भर
मिली ही नहीं रहगुज़र ज़िन्दगी भर

दिखाते किसे अपने पैरों के छाले
किया हमने तन्हा सफ़र ज़िन्दगी भर

उसे एक पल को न हम भूल पाये
रहे ख़ुद से ही बेख़बर ज़िन्दगी भर

मिला था मैं उससे घड़ी भर को इक दिन
रहा उसका मुझ पे असर ज़िन्दगी भर

कभी मुड़के कोई शजर भी न देखा
यूँ करना पड़ा है सफ़र ज़िन्दगी भर

न उसने ही पूछा कभी हाल मेरा
न मैंने ही ली फिर ख़बर ज़िन्दगी भर

कभी मत बताना तू उनको ये 'सादिक़'
पिया तूने कैसे ज़हर ज़िन्दगी भर

आओ हम बँटवारा कर लें, घर की चार दीवारी का
गेंदा पीपल तुलसी बेरी, पुरखों की ख़ुद्दारी का !!

जूते चप्पल धोती कुर्ता, सब तो हमने बाँट लिए
लेकिन कैसे बटवारा हो, आँगन की फुल वारी का

अपने अपने घर की चिन्ता, कल से सबको करनी है
उससे पहले जश्न मनालें, अपनी इस ज़रदारी का

रोटी में शक्कर रखना फिर शायद अम्मी भूल गईं
आज मज़ा लेकर देखें, इस रोटी से इफ़्तारी का

एक कबूतर छूट गया है, मुझसे घर की चिलमन पर
और तुम भी तो भूल गए हो, पिंजरा बुलबुल प्यारी का

'सादिक़' इससे बचके रहना, तेरे बस की बात नहीं
इश्क़ मुहब्ब्त प्यार वफ़ा, है काम फ़क़त व्यापारी का

नफ़रतों का क्यों भला आज़ार होना चाहिए
आदमी को आदमी से प्यार होना चाहिए

ये मिली हमको बुज़ुर्गों से नसीहत दोस्तो
कुछ न हो पर आदमी ख़ुद्दार होना चाहिए

जो उसूलों की डगर पर चल रहा है ये ख़ुदा
रास्ता उसका न फिर दुश्वार होना चाहिए

घोंपते हैं आजकल अपने ही खंज़र पीठ में
इन रक़ीबों से हमें बेदार होना चाहिए

अब नहीं सुनते क़लम की बात ये वहशी दरिंदे
अब हमारे हाथ में हथियार होना चाहिए

तोड़ दो विषदंत इनके घोलते जो विष फ़ज़ा में
इन भुजंगों पर भी अब प्रहार होना चाहिए

काम यूँ तो किसी के मैं आया नहीं
हाँ मगर दिल किसी का दुखाया नहीं

हम निभाते रहे दोस्ती बेसबब
दोस्तों को कभी आज़माया नहीं

ख़ूँ पसीने से हर इक ख़ुशी लाके दी
भूखा बच्चों को हमने सुलाया नहीं

जिसने चाहा हमें उसने रुस्वा किया
हमसे दिल तो किसी ने लगाया नहीं

उसपे ज़ाहिर किया हमने हर राज़ को
आईना फिर भी उसने दिखाया नहीं

साथ दो या कि 'सादिक़' को तुम छोड़ दो
दाग़-ए-दामन को उसने छुपाया नहीं

भूखा बचपन, तंग जवानी काग़ज़ पर
लिखता हूँ मैं रोज़ कहानी काग़ज़ पर

लिख रक्खे हैं नाम तुम्हारे कितने ख़त
दे दो तुम भी यार निशानी काग़ज़ पर

सच तो ये है, बैठ अकेला रोता है
लिखता है जो रात सुहानी काग़ज़ पर

मुश्किल बात सलीक़े से कह देता है
रखता है वो ख़ूब रवानी काग़ज़ पर

गुमनामी में जाने अब क्यूँ खोया है
बनता था जो अक्सर ज्ञानी काग़ज़ पर

पढ़ने लगता हूँ जब वाइज़ की बातें
यार नज़र आती है नानी काग़ज़ पर

तुम 'सादिक़' को आख़िर कब तक रोकोगे
कर देगा बेबाक बयानी काग़ज़ पर

वो जीने की हर इक कला जानता है
जो करना सभी से वफ़ा जानता है

दिए हैं ये ग़म भी उसी ने तो मुझको
वही मेरे ग़म की दवा जानता है

निभाया है मैंने तो हर एक रिश्ता
वो फिर भी मुझे ही बुरा जानता है

ये मर्ज़ी है उसकी वो जो भी समझले
मैं कैसा हूं मेरा ख़ुदा जानता है

मुहब्बत में तुम उसको नादाँ न समझो
वो उल्फ़त की हर इक अदा जानता है

प्रदीप अवस्थी

अगर बाग़बाँ की हिफ़ाज़त न होती
तो फूलों में ख़ुशबू नज़ाकत न होती

हुनर आता कैसे इबादत का हमको
हमें आपसे गर मुहब्बत न होती

गँवाते न हम यूँ सुकूँ चैन दिल का
ख़ुदा उसमें इतनी नफ़ासत न होती

भला कैसे मिलती हमें उनकी क़ुर्बत
जो हमपे ख़ुदा की इनायत न होती

न लड़ते झगड़ते न हम ग़ैर होते
अगर मुल्क में ये सियासत न होती

ख़ुदा से भी पहले उसे पूजते हम
जो इस दोस्ती में तिजारत न होती

अगर चुप ही रहते न सच बोलते हम
तो 'सादिक़' किसी से अदावत न होती

ऐ सनम जब से तुम्हारे हाथ पीले हो गए
चाहने वालों के तब से नैन गीले हो गए

चल रहे थे हम उसे रस्ता गुलाबों का समझ
क्या ख़बर थी नेह के, बंधन कँटीले हो गए

याद में घुलके तुम्हारी, चल रही बेकल हवा
झील सहरा फूल पत्ते, सब नशीले हो गए

ख़ुश्क लब हैं लाल आँखे, पक गए हैं बाल भी
बिन तेरे हम देख तो, कितने रंगीले हो गए

दिल धड़कने का सबब, बस एक तुम थे उन दिनों
ज़िन्दगी जीने के अब, कितने वसीले हो गए

यक़ीं तुमने भी आख़िर कर लिया, उसके फ़साने पर
मुकर जाता है वो अक्सर, ज़रा भी आज़माने पर

किसी से दुश्मनी है ना, किसी से दोस्ती मेरी
मगर रहता हूँ मैं हर दम, हक़ीरों के निशाने पर

जहाँ जा कर समंदर में, नदी ख़ुद डूब जाती है
किसी दिन कश्ती लेके जाएँगे, हम उस मुहाने पर

न यूँ मायूस हो पेड़ों, के पतझड़ बीत जाने दो
परिंदे ख़ुद ही लौटेंगे, तुम्हारे आशियाने पर

लगे हैं सूखने इस ज़िद में, मेरी आँख के आँसू
गिरेंगे गर किसी सूरत, गिरेंगे तेरे शाने पर

मैं तुझसे न शिकवा ऐ बेदाद करता
अगर और करता तो फ़रियाद करता

महकती गुलाबों की ख़ुशबू ज़ेहन में
जो तू मेरी ख़ुशियों में इमदाद करता

सुनाता में शब भर नये गीत-ग़ज़लें
तू शेरों पे गर मेरे इरशाद करता

बिछाये थे राहों में सबने तो काँटें
किसे भूल जाता किसे याद करता?

बसाता मैं कैसे नयी दुनिया कोई
मैं कैसे उसे यारो नाशाद करता

ग़नीमत रही जो मुहब्ब्त नहीं की
जो करता तो घर अपना बर्बाद करता

किसी को तो रहबर बना लेते 'सादिक़'
वीराने सफ़र को जो आबाद करता

कब तलक चेहरे के भीतर रोज़ इक अस्तर रखूँ
ख़ुद से मिलता जुलता भी तो मैं कोई पैकर रखूँ

क्या करूँ कैसे जिऊँ ये जाने वाले तू बता
किस तरह से रोककर मैं ग़म का ये लश्कर रखूँ

मैंने जो तुझको ख़ुदा अब कह दिया तो कह दिया
हुक्म को तेरे मैं अब तो अपने माथे सर रखूँ

पूछता है बारहा क्यूँ मुझसे तू इतने सवाल
मैं ज़रूरी तो नहीं हर बात का उत्तर रखूँ

वो मरासिम तोड़ के सब दूर मुझसे हो गया
मैं लिपट कर रोऊँ किससे किसके आँचल सर रखूँ

दुश्मनी मेरी किसी से ना किसी से दोस्ती
किसलिए 'सादिक़' मैं अपने हाथ मे खंज़र रखूँ

मैं बस ये सोच के घबरा रहा हूँ
समंदर में उतरता जा रहा हूँ

मुझे मालूम मेरा हश्र फिर भी
नया हर रोज़ धोखा खा रहा हूँ

न होगा कुछ भी हासिल उल्फ़तों से
दिले नादाँ! तुझे समझा रहा हूँ

मनाता हूँ उसे मैं रोज़ यूँ ही
मुसलसल ख़ुद को यूँ बहला रहा हूँ

तेरी ख़ुशबू जो मुझमें घुल रही है
हवाओं में बिखरता जा रहा हूँ

मुझे लगने लगा है, तू वही है
मैं जिसकी चाह में फिरता रहा हूँ

इसी उम्मीद में, तू सुन ले शायद
वफ़ा के गीत गाता जा रहा हूँ

हुआ है क्या मुझे कोई बताए
हदों से क्यूँ गुज़रता जा रहा हूँ

अब सदाएँ मेरी सुनता कौन है
दर पे मेरे अब ठहरता कौन है

किसलिए नज़रे बिछाये बैठे हो
इस गली से अब गुज़रता कौन है

आज तक मुझको समझ आया नहीं
टूटकर मुझमें बिखरता कौन है

बादलों जैसे गरजते हैं सभी
तौलकर हक़-बात कहता कौन है

दिल करे जब आज़मा लेना मुझे
अपने वादे से मुकरता कौन है

देखकर 'सादिक़' को ये कहते हैं वो
बेख़बर दरिया सा बहता कौन है

61

ज़िन्दगी भर तेरी यादों ने रुलाया मुझको
इक तेरे बाद कोई और न भाया मुझको

मौजे दरिया में डुबाता तो कोई बात न थी
नाख़ुदा तूने किनारे पे डुबाया मुझको

ठोकरें खायीं तुझे देखने की ख़्वाहिश में
गम ए दौराँ ने यूँ दर-दर पे बिठाया मुझको

अपने क़दमों को न मैं रोक सका चलने से
गर मुहब्बत से किसी ने जो बुलाया मुझको

राज़ की बात है ये हर किसी से मत कहना
इक शबे हिज़्र ने ही जीना सिखाया मुझको

ख़ैरियत मान कि मैं चल रहा हूँ संग तेरे
ज़िंदगी तूने यूँ तो कितना सताया मुझको

आग अपने ही नशेमन में लगाकर देखना
चाहता हूँ आज में उसको भुलाकर देखना

साथ रहता है मेरे पर वो मेरा साथी नहीं
शूल सा चुभता है उसका मुस्कुराकर देखना

इस तरह मत देख मुझको तू ख़ुदा के वास्ते
मार डालेगा तेरा नज़रें झुकाकर देखना

कौन है जो अब तलक भी नाख़ुदा समझे मुझे
चाहता है कौन अब कस्ती डुबाकर देखना

फिर कभी हम तुम मिलें ये हो कि फिर मुमकिन न हो
तुम मुझे बस ख़्वाब में अपने बुलाकर देखना

बन गया है जब निज़ामी तू मेरे हर ताम का
चाहता है क्यूँ मेरी हस्ती मिटाकर देखना

उनको नफ़रत है तो नफ़रत ही सही
दौरे गर्दिश में ये गुर्बत ही सही

उसने दिल से जो निकाला है तुझे
ऐ दिले-नादाँ ये हिजरत ही सही

मैं नहीं करता किसी जाहिल का सज्दा
ये मेरी फ़ितरत तो फ़ितरत ही सही

हक़ बयानी मेरी आदत है लोगो
है बुरी आदत तो आदत ही सही

पेचो-ख़म का डर नहीं अब राह में
चल पड़े पैरों की जुरत ही सही

प्रदीप अवस्थी

मैं लिख रहा हूँ यारों अफ़साना ज़िन्दगी का
जो भी मिला है मुझको नज़राना ज़िन्दगी का

रहते नहीं हैं यकसाँ दिन ग़म के या ख़ुशी के
तुम खोलकर तो देखो तहख़ाना ज़िन्दगी का

जब देखिएगा हँसते बच्चों को खिलखिलाते
कितना हसीन लगता मुस्काना ज़िन्दगी का

अब आज़मा रही है महबूब की तरह वो
तो हो गया हूँ मैं भी दीवाना ज़िन्दगी का

मुझको तो ज़िन्दगी ने मायूस ही किया है
शिद्दत से देखता हूँ इतराना ज़िन्दगी का

'सादिक़' किसी को कैसे बतालाओगे बताओ
लगता है तुमको कैसा मर जाना ज़िन्दगी का

रखी जो ख़ाक थी दिल में, उड़ा के बैठ गए
उन्हें हम दास्ताँ अपनी, सुना के बैठ गए

पिघलते सर्द मौसम में, हमें ये क्या हुआ है
जरा सी आग थी वो भी, बुझा के बैठ गए

न मानी बात माँझी की, चले आये किनारे से
अजब ये लोग हैं कश्ती, डुबा के बैठ गए

मिटाई तीरगी अपने ज़ेहन से, इस तरह हमने
तुम्हारी याद के दीपक, जला के बैठ गए

न पूछो इश्क़ में हम किस मकाँ तक आ चुके हैं
बताएँ क्या कि घर अपना, लुटा के बैठ गए

विविध

साँस चलने की व्जह थी, आस थी
ज़िन्दगी की इक वही सौग़ात थी
फाड़कर के फेंक दी है आज मैंने
एक जो तस्वीर मेरे पास थी

ज़िन्दगी बिखरी पड़ी है मेज़ पर
चल समेटें इसको बटुए में रखें

ख़ूने-दिल अपना जला कर के लिखे
अश्क स्याही में मिलाकर के लिखे
आग को अर्पण वो सारे कर दिए
ख़त जो सब तुझसे छुपाकर के लिखे

साथ मे लेकर न उड़ जाए हवा
चल समेंटे राख बटुए में रखें

लौट आने की तेरी उम्मीद में
चलने लगता हूँ मैं अक्सर नींद में
देखता हूँ फिर हथेली बैठकर
अश्क ही लिक्खे हुए तक़दीर में

नींद से भी रूठकर चल दे न वो
चल छुपाएँ आह बटुए में रखें

छोड़कर जब चल दिये अहबाब सब
रेज़ा-रेज़ा कर दिए हैं ख़्वाब सब
अब सुनाएँ किसको इस मन की व्यथा
क्या भरेंगे अपने मन के घाव सब

बह न जाए आँख से उम्मीद कोई
चल सभालें इसको बटुए में रखें

ज़िन्दगी बिखरी पड़ी है मेज़ पर
चल समेटें इसको बटुए में रखें

आभा जग में बाँट रहे हैं
धरती अम्बर नाप रहे हैं
स्वर्णिम शोभित रश्मि खींचे
कैसे सरपट भाग रहे हैं,
तरुओं के रखवाले घोड़े,
सूरज के रथ वाले घोड़े

पल पल अपना वेग बढ़ाते,
तिमिर धरा से दूर भगाते,
अपनी ही टापों पे रीझे,
किस मस्ती में डोल रहे हैं,
श्वेत धवल मतवाले घोड़े
सूरज के रथ वाले घोड़े

ज्यों आने को हुई दुपहरी
सूरज ने फिर बाग पकड़ ली,
कुंठित हो ज्यों ख़ुद से खीजे
क्रोधाग्नि में ताप रहे हैं
अद्भुत और निराले घोड़े
सूरज के रथवाले घोड़े

धीरे धीरे निशि जो आई,
लौट गए ले कर परछाई,
हारे थके दाँत को भींचे,
फिर अम्बर से झाँक रहे हैं
कुछ उजले कुछ काले घोड़े
सूरज के रथवाले घोड़े

रात्रि के अंतिम पहर में
तुम चली आती हो अक्सर
यक्षिणी सी रागरंजित
कुछ सुनहरे स्वप्न लेकर
चांदनी ओढ़े हुये

ले के जाती हो मुझे उस
व्योम के विस्तार तक
मैं जहाँ से देखता हूँ
स्वप्न को साकार होते
नेह को ओढ़े हुए,

शलभ बन उषा मगर
फिर तोड़ देती स्वप्न सारे
छोड़ जाती हो मुझे तुम
अरुणोदय के द्वार पर
लालिमा ओढ़े हुए,

चल पड़ी फिर साथ मेरे,
काल की पगडण्डियों पर,
सूर्य की कोई किरण,
इक नयी उम्मीद लेकर,
प्यास को ओढ़े हुए,

फिर वही यायावरी
कल की भांति आज फिर
बस तुम्हारी खोज में
दिन के उस अवसान तक
धूप को ओढ़े हुए

अन्तस् में बसी हुई,
तुम्हारी छाया,
जब पड़ती है,
मेरे हृदय की,
दबी हुई स्मृतियों पर,
स्वतः आ ही जाता है,
तुम्हारा ज़िक्र

हृदय की उन असंख्य नलिकाओं में,
रुक जाता है,
रक्त का प्रवाह,
फिर बहती हो बस तुम,
हर धमनी, हर शिरा में,
मुश्किल होता है,
तुम्हें विस्मृत करना,
अपने अन्तस् से,
जब भी होता है,
तुम्हारा ज़िक्र

मन का पंछी जैसे
उड़ने को व्याकुल,
व्योम के उस अंतिम छोर तक,
जहाँ से तुम दिखाई दो,
क्षिति के हर उस कोने तक,
जहाँ तुम्हारे शब्दों की ध्वनि,
अबिलम्ब पहुँचें,
मेरे कानों तक,

थक के फिर लौट आता है मन
अपने उसी ठिकाने पर,
जहाँ से शुरू होता है,
तुम्हारा ज़िक्र

इसी उधेड़बुन में फिर सोचता हूँ,
तुम कहाँ हो कैसी हो,
कोई भी तो नहीं है,
पास मेरे,
जो कभी,
मुझसे करे
तुम्हारा ज़िक्र,

तुम्हारी स्मृतियों में,
तनिक भी शेष,
यदि होंगे मेरे स्वप्न,
फिर तुम भी तो होगी,
इसी उलझन में,
कोई भी तो न होगा
तुम्हारे पास,
जो करे तुमसे,
करे मेरा ज़िक्र

फिर वही मौसम वही रुत लौट आई
आसमाँ में चिर के बदली लौट आई
लौट करके आ रहे हैं फिर परिंदे
बाग में रंगत हसीं फिर लौट आई
एक बस तुम हो कि जो लौटे नहीं हो
ख़ुश्क पलकों पे नमीं फिर लौट आई

उस सफ़र की धूप में हमने चुने थे
छाँव जिनकी ओढ़ कर के हम चले थे
ऊँघते कुछ अनमने से आज भी हैं,
ख़्वाब जो मिलके कभी हमने बुने थे
एक बस तुम हो कि जो लौटे नहीं हो
उस सफ़र की धूप सारी लौट आई

याद हैं क्या तुमको वो सर्दी की शामें
छत पे जाके फोन पे दुनिया की बातें
इक ज़रा-सी बात पे तुम रूठती थीं
जीत होती थी तुम्हारी मेरी हारें
एक बस तुम हो कि जो लौटे नहीं हो
सर्दियों की शाम तो फिर लौट आई
एक बस तुम हो कि जो लौटे नहीं हो

ख़ुश्बुओं, रानाइयों ने ख़ूब अज़माया हमें
मधुकरों ने तितलियों ने ख़ूब भरमाया हमें
धूप ने भी छांव ने भी प्रीत के हर रंग ने
नित किया आलिंग हमको ख़ूब बहकाया हमें
फूल की मानिंद थे सब ख़्वाब मेरे, रोज़ खिलते रोज़ मुरझाते रहे

भोर की जब कोख से निकला रवि होकर उदय
रश्मियों ने रोज़ बिखरी ओस पर पाई विजय
साँझ ने पर गोद में दे आसरा ऐसे रखा
ज्यों थके हारे पथिक को आसरा देता निलय
फूल की मानिंद थे सब ख़्वाब मेरे, रोज़ खिलते रोज़ मुरझाते रहे

आस में बैठे रहे हम तोड़ ले माली कभी
नव सफ़र को सोचकर नव चेतना मिलती रही
ख़ुश हुए जो बन गए हम हार उनकी जीत का
और उनके ही रुँदन में हो गए शामिल कभी
फूल की मानिंद थे सब ख़्वाब मेरे, रोज़ खिलते रोज़ मुरझाते रहे

72

अबके ऐसा सावन आया,
हमने रो रो मन बहलाया,
फूल खिले ना पंछी चहके,
तुम न आये कोई न आया,
मन की पीर किसे बतलाते
तुम आते तो सब आ जाते

बैरन अँखिया द्वार निहारें,
असुअन बह बह राह बुहारें,
चलतीं रुकतीं पल पल सांसे,
हर आहट पे तुम्हें पुकारें,
और पथिक न इनको भाते
तुम आते तो सब आ जाते

चंदा व्याकुल तारे व्याकुल,
बाग बगीचे सारे व्याकुल
भोर चढ़े पीपल पे बैठी,
कूक रही है कोयल व्याकुल,
ख़बर तुम्हारी कैसे लाते
तुम आते तो सब आ जाते

कब तक हमको ठुकराओगे,
आज न आये कल आओगे,
जल जाएँगे हम बिरहा में,
कह दो क्या तुम तब आओगे,
तुम कहते तो हम जल जाते
तुम आते तो सब आ जाते

रिश्ते उधार के